BEI GRIN MACHT SICH IHR WISSEN BEZAHLT

Bibliografische Information der Deutschen Nationalbibliothek:

Die Deutsche Bibliothek verzeichnet diese Publikation in der Deutschen National-
bibliografie; detaillierte bibliografische Daten sind im Internet über http://dnb.d-
nb.de/ abrufbar.

Impressum:

Copyright © 2018 GRIN Verlag
Druck und Bindung: Books on Demand GmbH, Norderstedt Germany
ISBN: 9783346067456

Dieses Buch bei GRIN:

https://www.grin.com/document/459602

Monsieur Mathieu

Psychiatrie und philosophische Lebenskunst

Ein psychiatrisch-philosophischer Essay

GRIN Verlag

GRIN - Your knowledge has value

Der GRIN Verlag publiziert seit 1998 wissenschaftliche Arbeiten von Studenten, Hochschullehrern und anderen Akademikern als eBook und gedrucktes Buch. Die Verlagswebsite www.grin.com ist die ideale Plattform zur Veröffentlichung von Hausarbeiten, Abschlussarbeiten, wissenschaftlichen Aufsätzen, Dissertationen und Fachbüchern.

Besuchen Sie uns im Internet:

http://www.grin.com/

http://www.facebook.com/grincom

http://www.twitter.com/grin_com

Psychiatrie und philosophische Lebenskunst

Ein psychiatrisch-philosophischer Essay

von Monsieur Mathieu

für Betroffene, Angehörige und psychologische Laien

Inhaltsverzeichnis:

1. Psychiatrieerfahrung – Was nun?

Der Moment, in der ein Psychiatrieerfahrener zum ersten mal von einem Psychiatriearzt eine Diagnose zugeordnet bekommt, gehört wohl nicht zu den angenehmsten seines Lebenslaufes.
Nun ist die Diagnose nun mal da, und es stellt sich die Frage nach den Konsequenzen für den zukünftigen Lebenslauf.

Medizinische Diagnosen sind oft Fachbegriffe, die einer gewissen Erläuterung bedürfen, damit auch der Normalbürger versteht, daß dahinter eigentlich nur eine psychische Charakterbeschreibung steht, die sich im laufe der Zeit verändern kann.
Charaktere sind oft durch spezifische Denkmuster geprägt. Nun eine sehr wesentliche Frage: „Sind menschliche Denkmuster veränderlich und lässt sich diese Veränderung erlernen?"
Erste Konsequenz für einen Psychiatrieerfahrenen sind regelmäßige Termine beim Arzt und eventuell eine Psychotherapie bei eine(m)r Psycholog(en) in.
Wiederum eine wichtige Frage:" Haben diese Termine Einfluß auf die Lernprozesse eines Patienten ?" „Was könnte man dort lernen?"

Ein Psychiatriearzt beobachtet die psychische Disposition eines Patienten,verordnet entsprechend Medikamente, um die Symptomatiken zu lindern und gibt, wenn er gut ist, den Rat , für die eigene Verfassung ein Gespür zu entwickeln.
Psychotherapeut(en) innen bieten in aller Regel Gespräche an, in denen Problematiken relativiert werden.
Relativ selten kommen Patienten auf die Idee, daß Sie an den Denkmustern von Arzt und Therapeut etwas lernen könnten.

Wenn sich durch den vergangenen Lebenslauf eines Patienten, ein Scheitern gezeigt hat, besteht dann für die Zukunft eine Chance, das Leben neu zu ordnen, also für einen Neubeginn?
Ist man auch bereit, das alte loszulassen?
Besteht die Möglichkeit das eigene Seelenhaus neu zu ordnen, wodurch mehr Lebenstauglichkeit zustande käme?

Die Lektüre des Buches:" Was ist Erziehung?" von Karl Jaspers, bot mir einerseits eine Ernüchterung, andererseits aber neue Chancen.
Dort heißt es: „ Die Erziehung unserer Eltern geht bis zu einem gewissen Punkt, danach sind wir aufgerufen uns selbst zu erziehen."
Nun, welche Ressourcen stehen uns zur Selbsterziehung zur Verfügung; und welche Methoden wendete ich an, um diese zu verwirklichen?

Ein Priester, den ich noch aus Jugendjahren kannte, sagte in einer Zeit, in der es mir noch nicht so gut ging :" M, lies Literatur und Philosophen und meditiere über die Texte."
Was ich dann auch lange Jahre tat.

Bei der Wahl der Texte hörte ich zunächst auf mein Gespür, später als ich einen VHS Philosophiekurs besuchte, lies ich mich auch vom leitenden Philosophieprofessor beraten.

Beim lesen der Texte beherzigte ich wiederum den Rat Jaspers: „ Wenn wir einen Text lesen, müssen wir immer wissen, was wir uns davon aneignen und was wir verwerfen wollen.

2. Krank oder gesund?

In Bezug auf das physikalisch – philosophische Modell von
„Ursache und Wirkung."

Wie wohl jeder psychiatrieerfahrene weiß, besteht das stetige Bemühen
der Psychiatrieärzte darin, Plus und Minus Symptomatiken in die Balance
zu bringen, damit mehr seelische Ausgeglichenheit entsteht.
Es ist jedoch fraglich, ob auch alle psychiatrieerfahrenen sich die Mühe
machen, zu verstehen, was denn damit gemeint ist.

Um dies zu veranschaulichen, möge sich jeder das cartesische
Koordinatensystem, was wohl jeder aus dem Schulunterricht kennt,
aufzeichnen.
Die x-Achse verläuft von links nach rechts, die y-Achse verläuft von
unten nach oben.

Wenn man sich nun den Menschen ansieht, dann hat der Mensch,
dadurch,daß er rein anatomisch zwei Gehirnhälften hat, auch eine
links – rechts Verteilung und der Mensch hat, dadurch, daß er seine
Wirbelsäule stauchen bzw. strecken kann, eine unten – oben Verteilung.

Je nachdem, wie diese Verteilungen geartet sind, können Spannungszustände auftreten.
Wie jeder weiß, hat auch eine Batterie einen (+) und einen (-) Pol.
Zwischen beiden Polen besteht Spannung. Verbindet man die Pole,
dann fließt Strom. Ist die Spannung hoch, dann fließt viel Strom.

Mein Gedanke ist, daß die Gehirnströme durch ähnliche Phänomene
zustande kommen.
Nun darf aber immer nur so viel Strom fließen, daß (bildlich gesprochen)
die Haushaltssicherung auch drin bleibt.
(Klinikaufenthalt = Sicherung rausgesprungen)

Man muß also lernen, seinen eigenen Spannungshaushalt in einer Art und
Weise zu kontrollieren, daß der Stromfluß konstant und ausgeglichen ist.

Was hat dies mit dem Modell von Ursache und Wirkung zu tun?

Rückblickend aus meinen Erfahrungen in der Studentenzeit, war ich damals 1994 ein überspannter junger Mann, der danach lernen mußte loszulassen.
Ich bin das also, was mir passiert ist vielleicht selbst Schuld gewesen.

Methoden des Loslassens boten sich mir danach in Meditationen, Therapien, der Lektüre und beim Mitbeten in einer Benediktinerabtei.

Nun ein erster Ausflug in die Philosophiegeschichte. Philosophen stellten sich lange die Frage, ob es einen Gottesbeweis gibt. Versuche dazu gab es bei Aristoteles, Anselm v. Canterbury und I. Kant.
Ich erwähne dies, weil der Versuch des Aristoteles interessant ist , bei der Frage, ob Religion heilsam sein kann und bei der Untersuchung von Ursache und Wirkung.
Aristoteles ging von der These aus, daß alles was in der Welt passiert, durch Ursache und Wirkung geschieht und jede Wirkung eine Ursache hat und diese wiederum durch eine vorhergehende Ursache bewirkt wurde.
Dies führt er zurück, bis auf eine erste unbewegte Ursache
(den unbewegten Beweger) und diesen nannte Aristoteles „Gott".
Als ich mich mit diesem Thema beschäftigte, hatte ich mit meinem Vater eine Diskussion, ob das Kreuz Christi einen ins Leid anzieht oder ob man das Kreuz Christi als einen unbewegten Beweger ansehen könnte, welches einen nach vorne schiebt. Die Antwort blieb leider offen.
Anzunehmen ist nur, daß wenn man an die Auferstehung glaubt
(Bewegtheit) die Zukunft offen bleiben wird.
Hier zeigt sich wieder, daß woran man glaubt, das Leben verändern kann.
Verharren im status quo ist nicht das Wesen von Veränderung.
Der Weg zu einem Therapeuten ist ebenfalls das Eingeständnis, daß Veränderung eine Notwendigkeit darstellt. Ob dies das Gefühl oder die Denkgewohnheiten betrifft, möchte ich jedem freistellen.

Noch einen Satz zum nachdenken. Wenn man darüber nachdenkt was man sagt, hat jeder immer die Möglichkeit psychische Gesundheit zu postulieren.
Eine kleine Anregung für Selbsthilfe wäre vielleicht, daß die Mitglieder sich Feedback geben, wo sie einander im Koordinatensystem einstufen würden.

3. Wahrnehmung – oder/und Wahrheit

Es ist wohl anzunehmen, daß Menschen , egal ob krank oder gesund , die Welt in einer gewissen Art und Weise wahrnehmen.

Diese Wahrnehmung ist bei psychiatrieerfahrenen manchmal etwas speziell, ist jedoch oftmals nicht als Fehler, sondern als Auftrag zu verstehen.

Wir müssen im Punkt der Wahrnehmung zweierlei Formen unterscheiden.
1. die Innenwahrnehmung eines Menschen
2. die Außenwahrnehmung eines Menschen

Es ist anzunehmen, daß Innen – und Außenwahrnehmung miteinander korrespondieren.

Aussagen bzgl. der Innenwahrnehmung zeigen sich oft als Aussagen des Gefühls, Aussagen der Außenwahrnehmung zeigen sich als Beschreibung der Außenwelt und als Feedback gegenüber Mitmenschen.

Das Wechselspiel zwischen Innen-und Außenwelt zeigt sich darin, wie ein Mensch seine ihm gegebene Lebenswelt bewertet.

Die Frage, ob man einer der beiden Wahrnehmungsformen Priorität einräumen sollte, ist nicht bei jedem Menschen gleich gewichtet. Legt ein Mensch Priorität auf die Außenwahrnehmung, läuft er Gefahr, die Gefühlsebene zu vernachlässigen. Legt ein Mensch Priorität auf die Innen wahrnehmung , läuft er Gefahr den Bezug zur Außenwelt zu vernach-lässigen.

Wünschenswert ist ein ausgewogenes Verhältnis von Innen – und Außen-wahrnehmung, wodurch eine gute Kompatibilität von Innen – und Außenwelt gewähleistet würde.

Meine eigene Wahrnehmung von PE-Selbsthilfegruppen ist, daß ein großer Teil der Gruppe gerne Selbsthilfe konsumiert, aber nur ein kleiner Teil auch wirklich dazu bereit ist Selbsthilfe zu leisten.

Mein Tip: Eine Befindlichkeitsrunde, in der jeder sagen kann , wie er sich fühlt, ist schön und gut, es wäre jedoch besser, wenn die Mitglieder einer Gruppe sich Feedback geben würden, wie sie einander sehen, wodurch das Augenmerk mehr auf die „Mitmenschen" gerichtet würde. Eine weitere Wahrnehmung der PE-Selbsthilfe besteht darin, daß viele Personen versuchen Informationen weiterzugeben, die evtl. Fingerzeige mam Horizont der Wiedergenesung sind (Recovery, Salutogenese), daß diese Informationen sich jedoch fast alle einem Psychatrie-Szene internen Vokabular bedienen.

Ist dies schlecht oder ist dies gut ?

Ein Großteil der psychiatrieerfahrenen sehnt sich nach Partizipation am normalen Leben. Partizipation beinhaltet wohl auch die Wiedererlangung von Glaubwürdigkeit.

Nun ist das,was aus Sicht eines psychiatrieerfahrenen als glaubwürdig angesehen wird, nicht ganz die Sicht der Glaubwürdigkeit eines Normalbürgers.

Wie kann man die Kompatibiltät beider Sichten gewährleisten?

Die Kompatibilität eines psychiatrieerfahrenen mit der Sicht eines Normalbürgers ist dann gewährleistet, wenn beide mit dem Informationsgehalt der Sprache, die in der Kommunikation verwendet wird, einverstanden sind.

Dies gilt sowohl für das Leben in der Familie, als auch für die Suche nach einem Arbeitsplatz.

Nun sollte ein psychiatrieerfahrener sich seiner eigenen Sprache erst einmal bewußt sein.

Kenne ich meine eigene Sprache schon ?

4. Sprachkompetenz und Sprachphilosophie

Als bei mir die Psychiatrieerfahrung noch relativ frisch war, sagte damals ein Priester, den ich noch aus Jugendjahren kannte, zu mir:
„M., lies Literatur und Philosophen und meditiere über die Texte."
Was hatte dieser Satz bei mr zur Folge?
Durch langjährige Lektüre habe ich gelernt, aus wieviel unterschiedlichen Perspektiven man menschliches Leben sehen kann, wodurch ich einsehen mußte, daß meine eigene Perspektive auch nur eine von vielen ist. Die Bewertung von Menschen und deren Verhalten, wurde zweitrangig. Die Möglichkeit, in der Kommunikation Perspektiven zu eröffnen oder Menschen dazu anzuregen andere Perspektiven einzunehmen,war oft hilfreich. Dies alles war eine Folge erweiterter Sprachkompetenz.
Auf einmal gab es die Möglichkeit mit psychiatrieerfahrenen über Psychiatriethemen zu sprechen, mit Normalbürgern über Normalbürgerthemen, mit Philosophen über philosophische Themen und mit religiösen über den Glauben.
Meine Sprache wurde also variantenreich.
Was bedeutete der Satz:"M., lies Literatur und Philosophen",noch?
In der Psychologie gibt es den Ansatz von Ressourcenarbeit. Was bedeutet dies?
Man unterscheidet zwischen inneren-und äußeren Ressourcen.
Innere Ressourcen sind Fähigkeiten, die ein Mensch durch vorherige Prägung von vornherein mitbringt.
Äußere Ressourcen sind Bedingungen, die ein Mensch in seiner Umwelt vorfindet.
Es gilt nun, in der Wahl der äußeren Ressourcen , gute Entscheidungen zu treffen.
Das Wort Ressource würde man wohl auf deutsch übersetzt, als Quelle bezeichnen. Nun ist es wahrscheinlich mitentscheidend, aus welchen Quellen man trinkt und schöpft.
Bzgl. der Quellen, möchte ich im voraus noch einen Hinweis geben.
Der Philosoph Karl Jaspers sagte einmal, daß die europäische Kultur aus zwei Ursprüngen entstanden ist. Aus der jüdisch-christlichen Überlieferung (Bibel) und aus der Philosophie der griechischen Antike.

Warum erwähne ich dies? Die Idee der philosophischen Lebenskunst, die in der heutigen Zeit von einigen Philosophen wieder aufgegriffen wird, hat ihre Ursprünge auch in der griechischen Antike.
Sie geht von Platon, Aristoteles, der stoischen Schule, zur Zeit des Humanismus über Michel de Montaigne, zu Schopenhauer und Nietzsche.
Dies waren die Philosophen, die ich im VHS-Philosophiekurs bei Prof. W. kennen gelernt habe.
Es sind alles literarische Quellen, aus den denen jeder schöpfen könnte, wenn er es denn möchte.
Meine These ist, man möge doch die von vornherein vorhandenen Ressourcen , durch äußere Ressourcen(Quellen) in der Denkweise auffrischen, wodurch die kommunikativen Variationsmöglichkeiten erweitert würden. Bei der ganzen Lektüre von Texten haben wir es mit Sprache zu tun, wodurch ich den Übergang zur Sprachphilosophie eröffnen möchte. In der Philosophie gibt es eine ganz einfache Regel, die da lautet:"Das bessere Argument siegt." Woran macht man nun ein gutes Argument fest? Für´s erste, werden Argumente auf ihren Wahrheitsgehalt überprüft.Wird ein Argument als wahr angesehen, wird durch logische Schlußfolgerungen versucht, weitere wahre Aussagen zu finden.
-Bsp. (Syllogismus)
    1. Alle Menschen sind sterblich
    2. Sokrates ist ein Mensch
    daraus folgt: Sokrates ist sterblich.
Hier zeigt sich, daß man auch Sprache in einer logischen Form anwenden kann. Logische Schlußfolgerungen zeigen sich auch oft in:
Wenn-----dann---Beziehungen.

Relevante Schlußfolgerungen für psychiatrierfahrene wären z.B.:

--fühlst Du Dich genervt und gestreßt, dann gehe an einen Ort, an dem es ruhig und friedlich ist.
--fühlst Du Dich deprimiert, dann gehe an einen Ort, an dem Du Freude empfinden kannst.

5. Glaubensformen?

Wenn ich von Glaubensformen schreibe, dann ist damit nicht nur religiöser Glaube gemeint. Weil jeder Mensch, egal ob Atheist oder Theist, krank oder gesund daran glaubt, daß seine ihm eigentümliche Wahrnehmung seiner Umwelt, der Wahrheit entspräche.
Nun ist es wahrscheinlich so, daß bestimmte Verhaltens – und Denkmuster, schlechter oder besser dazu geeignet sind, um mit sich selbst und mit seinen Mitmenschen zurecht zu kommen.
Um die Glaubensformen einigermaßen weit zu fassen, möchte ich einige Auffassungen beschreiben.

1. der psychiatrische Glaube
2. der Glaube an Normalität
3. der philosophische Glaube
4. der religiöse Glaube

zu 1.: Der psychiatrische Glaube besteht im wesentlichen darin, daß
Ärzte durch das Studium von Psychopathologien bestimmten
psychischen Phänomenen diagnostische Begiffe zuordnen, die
als chiffrierte Wortbildungen anzusehen sind. Den Symptomen
wiederum , wird ein Medikament zugeordnet, welches die Symptome eventuell lindern kann. Was passiert, wenn ein Patient eine
Diagnose erteilt bekommt ist, daß dem Arzt geglaubt wird, weil
Patienten eine Arzt konsultieren, in der Hoffnung, sie würden
dadurch gesund. Psychiatrieärztliche Eingriffe bestehen allerdings
größtenteils in der medikamentösen Einflußnahme des Nervenstoffwechsels, wodurch noch nicht gewährleistet ist, daß die
Denkmuster von Patienten zur Wiedergenesung geführt werden.
Ein Zitat einer WfB-Klientin besagte:" Die reden ja nur noch über
Tabletten." Wovon das Herz voll ist, davon läuft es über. Aber ob
das Psychiatrie-Vokabular für die Lösung des Problems förderlich
und hinreichend zur Wiedergenesung ist, steht auf einem anderen
Blatt.

zu 2.: Der Glaube an Normalität beinhaltet das Wort „Norm".

Normen werden von der gesellschaftlichen Struktur vorgegeben, mit der Erwartungshaltung, man möge sich doch an diese Normen anpassen. Ob die gesellschaftlichen Strukturen der Psychohygiene zuträglich sind, ist damit noch nicht gesagt.

Normalbürger sind im allgemeinen sehr gut darin, ihr eigenes Schäfchen ins trockene zu bringen, kommunikativ gleichgesinnte zu respektieren und zu loben, Hierarchien zu erdulden bzw. in den Vordergrund zu stellen. Kommunikativ sind Stigmatisierung und Diskriminierung an der Tagesordnung. Im großen und ganzen scheint dieses Normalitätsbild ziemlich ambivalent.

Von psychiatrieerfahrenen wird erwartet, sich durch diese Ambivalenzen durchzuarbeiten, wodurch eine Anpassung zustande käme.

Mein Tip.: Man muß so tun, als ob man anpassungswillig wäre.

Zu 3.: Der philosophische Glaube

Die Denkweisen in der Philosophiegeschichte von der Antike bis zur Gegenwart sind äußerst vielfältig. So vielfältig, wie es in unterschiedlicher Weise, unterschiedliche Menschen gibt. Was allen Philosophen gemeinsam ist, ist, daß sie Freunde der Weisheit sind und sich auf die Suche nach der Wahrheit begeben. Oft kann eine intelligent gestellte Frage die Tür zur Wahrheit öffnen. So wie Sokrates von sich selbst sagte:" Ich weiß, daß ich nichts weiß,"und versuchte,durch seine Fragetechnik (Maieutik), der Wahrheit auf die Spur zu kommen. Untersucht man die Denkweisen anderer Philosophen, so kann das die eigene Denkweise im Lauf der Zeit beeinflußen. Ressource dafür ist das geschriebene Wort früherer Philosophen.

Die Vorgehensweise der Philosophie ist, Aussagen auf ihren Wahrheitsgehalt zu überprüfen und durch logische Schlußfolgerungen wiederum wahre Aussagen zu finden.

Aus dieser Denkweise wird ersichtlich, wieso ich zu bestimmten diagnostischen Begriffen, philosophische Zuordnungen finden konnte. Was letztlich in der Philosophie zählt, ist das gute Argument, welches sich am Lebensgelingen orientiert.

Noch ein allgemeiner Satz der Philosophie besagt:" Welche Philosophie Du wählst, das zeigt was für ein Mensch Du bist."

zu 4.: Der religiöse Glaube

Der religiöse Glaube ist wiederum ein vielfältiges Phänomen.
Wer von den psychiatrieerfahrenen kennt wirklich die Lehre Buddah´s,
den Koran oder die ganze Bibel?
Als ich vor einigen Jahren einen Vortrag von Dr. E.Drewermann über
Theologie und Neurowissenschaften hörte, stellte ich Ihm folgende
Frage:" Herr Drewermann, Psychiatrieärzte sehen neurologische Vor-
gänge oft nur als Stoffwechselproblem an, glauben Sie, daß man durch
den christlichen Glauben, den Stoffwechsel beeinflußen kann?"
Seine Antwort lautete:" Das ist eine sehr wichtige Frage. Ich denke,
wenn Sie Depressionen haben, kann Ihnen der christliche Glaube
helfen."
Wenn ich im Nachhinein die Evangelien lese, kommen dort Wunder-
heilungen vor. Ein kranker begegnet Jesus und die kranken können
genesen, weil sie an Jesus geglaubt haben. Jesus antwortete jedesmal:
„ Nicht ich habe Dir geholfen, sondern Dein Glaube hat Dir geholfen:"
Der Wahrheitsgehalt dieser Geschichten lässt sich wohl kaum überprüfen. Was man aber dabei erkennen kann, ist, daß wenn man den
Glauben an Krankheit umlenkt, in einen Glauben an Genesung und
heil sein, ein Heilungsprozess möglich sein kann.
Es ist so gesehen ein Prozess der Glaubensverschiebung.
Die wesentliche Basis des christlichen Glaubens besteht im Glauben
an die Auferstehung.

    Tod------Leben
    krank----gesund

Ich kann mir durchaus vorstellen, daß solche Glaubenselemente für
eine Wiedergenesung hilfreich sein können.
Aus philosophischer Sicht werden diese Tendenzen mit dem Begriff
„ Transzendenz" umfasst.

6. Depression? – Lebenslust und Vertrauen!

Bevor wir zu solch einer Diagnose bestimmte heilsame mentale Zuordnungen treffen, müssen wir erst ein mal wissen, wie eine solche Diagnose
definiert ist.
In Wikipedia heißt es:" Depression: (von lat. deprimere,"niederdrücken")
Typisch sind gedrückte Stimmung, negative Gedankenschleifen und
gehemmter Antrieb.

Wenn wir wieder vom „Ursache-Wirkung"- Modell ausgehen,dann
könnte die Ursache der Symptomatiken sowohl durch Erfahrungen aus
der Vergangenheit des Lebenslaufes, als auch durch bestimmte Denkmuster eines Menschen bestimmt sein.
Bzgl. der Vergangenheit, die nun einmal passiert ist, bringt jeder Mensch
die ihm eigene Interpretation mit. In Therapien kan man diese Interpretation, nur durch den Versuch der Perspektivverschiebung, eventuell
relativieren.
Was die Denkmuster betrifft, muß man sich selbst zuerst einmal bewußt
machen:"Auf welche Art und Weise denke ic denn eigentlich ?"
Die Formulierung „negative Gedankenschleifen „ist ein Hinweis auf
die Denkmuster.
Um dies zu verdeutlichen, müssen wir einen kurzen Ausflug in die
Sprachphilosophie machen.
Der gut gemeinte Ratschlag:" Du mußt positiv denken," ist einerseits
schön formuliert, aber nicht immer hilfreich.
Wie wir wissen, hat jeder Mensch die Möglichkeit ja und nein zu sagen.
Was hat das mit Positivität und Negativität zu tun ?

Negationsworte sind mitunter: nein, nicht, nichts, nie, sowie schlecht und
falsch.
Positivierungsworte sind: ja , gut , sehr gut , sowie richtig.

Ich möchte nun 4 Kombinationsmöglichkeiten dieser Worte andeuten:

1. „ Ich bin gut"   ----   eindeutige Positivierung
2. „Ich bin nicht gut"   ---   negative Positivierung
3. „Ich bin nicht schlecht" ---   doppelte Negativierung
4. „Ich bin schlecht"   ------ eindeutige Negativierung

Nun stehen wir vor der Frage:"Kann man positiv denken lernen?"
Voraussetzung ist, daß man an der Sprache seiner Mitmenschen
lernen möchte.

Aus psychiatrischer Sicht gehört die Depression zu den Minus-Symptomatiken.
Wenn man wiederum das Gleichnis der Batteriespannung zwischen
„+" und „-" Pol heran zieht, dann hätte der „+" Pol eine geringe
Ladung und der „-"Pol eine sehr starke Ladung.
Kein Wunder, daß dann nicht viel Strom fließt.
Ziel einer Entwicklung wäre es, die „-" Ladung zu relativieren und die
„+" Ladung zu erhöhen, wodurch mehr Wohlbefinden entstünde.

Wieder mein Rat:" Zeichnen Sie sich das cartesische Koordinatensystem
auf. Auf diesem System wären dann Vektoren zu sehen, die in den
Minusbereich tendieren.
Diese Vektoren sind nur als Tendenzen anzusehen.
Was müßte man tun, um diese Vektoren umzulenken?
Wenn man einem „-" Vektor eine positive Verstärkung anbieten würde,
würde es vielleicht nur noch schlimmer.
Aus der Erzählung eines Therapiepatienten habe ich gehört, daß die
Therapeutin fast nur Fragen stellt. Warum tut Sie das wohl?
Wenn man einem Negativvektor in Frage stellt, findet dieser dabei keine
direkte Bestätigung, sondern der Charakter lernt mit der Zeit selbst
die richtigen Fragen zu stellen.
Wesentliche Fragen, die in der Philosophiegeschichte gestellt wurden
wären:
-Warum gibt es überhaupt etwas und nicht vielmehr nichts?
(G.W.Leibniz)
-Was ist der Sinn des Lebens? (siehe V.E.Frankl)
-Was sollen wir tun?
-Was können wir hoffen?
-Was kann ich wissen ?
-Was ist der Mensch ? (I.Kant)
Was heißt es nun, die richtigen Fragen zu stellen und kann man dies
lernen?
Auf die Frage:" Wer ist der weiseste im ganzen Land?", antwortete im
alten Griechenland das Orakel von Delphi:" Der weiseste ist Sokrates."

Sokrates nun, mischte sich unters Volk, unterhielt sich mit den Leuten und sagte von sich selbst:" Ich weiß, daß ich ich nichts weiß."
Dies hatte zur Folge, daß er den Leuten überwiegend Fragen stellte, um der Wahrheit auf die Spur zu kommen.
Diese Fragetechnik bezeichnet man als Maieutik (Hebammenkunst).

Also vorschnell Antworten zu geben, ist nicht immer richtig ,es ist manchmal besser, die richtigen Fragen zu finden, auf die man vielleicht gute Antworten bekommt.
Vielfältige Beispiele dafür findet man in Platon's Dialogen.

Nun noch die Frage, wie man Depression philosophisch einordnen könnte. Es gab in der Philosophiegeschichte eine Phase, die nannte man „Nihilismus."
Das Wort „nihil"bedeutet auf deutsch „Nichts" und ist eins der negativsten Wörter überhaupt. Kann es daran überhaupt eine Orientiertheit geben oder gilt es die Orientiertheit am „Nichts" zu überwinden?
Wie kann einem so etwas gelingen?
Es ist vielleicht eine Notwendigkeit, jemanden der an „Nichts" glaubt außer sich selbst, zu einer Glaubensumkehr zu bewegen.
Diese wiederum, kann jedoch nur freiwillig geschehen.
Für die Bereitschaft das „Nichts" loszulassen, gehört natürlich Vertrauen zu etwas neuem. Bei Menschen, die in der Kindheit ein gutes Ur-Vertrauen mitbekommen haben, sind die Heilungschancen günstiger.
Was heißt es nun, das „Nichts" loszulassen und einen Negativvektor umzukehren? Das heißt, daß man das gewohnte Selbstbild, das den status quo hat festfahren lassen, in Frage stellt und sich die Bereitschaft zu Veränderungen eingesteht. Veränderung heißt:"Versuchen sich die Fragwürdigkeit des menschlichen Daseins zu vergegenwärtigen und urch Ressourcen, die sich vielleicht außerhalb seiner selbst befinden, das Denken und Empfinden im Laufe der Zeit zu verändern.
Diese Arbeit sollte man aber mit einer guten Portion Vertrauen angehen.
Depressive Veränderungen sind meist langwierige Prozesse, die jahrelang dauern können.
Bei der Formulierung"gedrückte Stimmung und gehemmter Antrieb", wird eher eine Gefühlsebene angesprochen.

In einem Philosophencafe der VHS wurde einmal das Thema:
„Glück und Lust „ aufgegriffen.
Der Philosoph, der das Thema „Lebenslust" thematisierte, war der
antike Philosoph Epikur.
Nun kann sich jeder denken, daß gedrückte Stimmung und gehemmter
Antrieb das Gegenteil von Lebenslust ist.
Epikur lud die Menschen ein, egal welcher Herkunft, in seinen Garten
ein, um dort über die Lebenslust zu philosophieren.
Die Inschrift am Eingang des Gartens lautete:" Freund hier ist gut sein,
hier wirst Du Dich wohlfühlen, hier ist die Lust das höchste Gut."

In der Einleitung eines seiner Bücher sagte er:"Weder soll man in der
Jugend zögern zu philosophieren, noch im Alter müde werden. Denn
nie ist es zu früh oder zu spät, etwas für die Gesundheit seiner Seele
zu tun."
Ziel des Weges der epikureischen Lehre ist es, ein Leben in
Schmerzlosigkeit und vollkommener seelischer Ausgeglichenheit
zu erlangen. Wobei Schmerzlosigkeit schon als lustvoll empfunden
wird.
Weiterhin wird Philosophie als Tätigkeit gesehen, die durch Argumenta-
tion und Diskussion das glückselige Leben schafft.
In einem Teil seiner Schriften äußert Epikur sich auch über die Begierden. Von den Begierden sind manche teils natürlich, teils nichtig,
Von den natürlichen wiederum sind die einen notwendig, die anderen
bloß natürlich. Von den notwendigen endlich, sind die einen notwendig
zur Glückseligkeit, die anderen zur Ungestörtheit des Leibes, die
dritten zum Leben überhaupt.
Es wird beim Wählen und Meiden dessen, was Menschen für sich in
Anspruch nehmen, sehr darauf ankommen, ob diese auch tauglich für
den Weg zur Glückseligkeit sind.
Die Frage ob Menschen eine „nicht" Lust oder eine Lebenslust mit-
bringen, ist eine Frage der Neigung.
Leben besteht aber immer aus einem Wechselspiel von Neigung und
Pflicht. Man könnte damit die These aufstellen:"Man müßte depressive
dazu verpflichten Lustvoll zu leben."
Vielleicht gibt es auch eine Pflicht glücklich zu sein.

Vielleicht ist es nur ein schwacher Trost, aber die Welt in der wir leben, ist die beste Welt, die es gibt, weil es eben nur diese eine gibt.

Ob diese Welt unserem Selbstempfinden schmeichelt oder ob sie sich manchmal hart zeigt, sind eben genau die Nuancen, die das Leben zu bieten hat.

Ich weiß weiß auch, daß der eigene Lebenslauf und das Weltgeschehen nicht immer nur schön ist. Doch jeder Mensch hat stetig eine Wahl.

Man kann durch die Geschehnisse in Versuchung kommen, sich ins Schneckenhaus zurückzuziehen oder man kann sich genau diesen Geschehnissen stellen und das Beste draus machen.

Die Frage „Flüchten oder Standhalten" ist auch eine Frage der Lebenskunst.   Habt Vertrauen dafür!

Lesetips:

- Epikur: Philosophie des Glücks
- Platon: Dialoge
- Alain: Die Pflicht glücklich zu sein
- H.E.Richter: Flüchten oder standhalten
- V.E.Frankl: Der Mensch vor der Frage nach dem Sinn
- Trotzdem ja zum Leben sagen

7. Affektive Störung? – oder Leidenschaftslosigkeit!
(die stoische Schule)

Unter Affekten versteht man eine Gemütsbewegung, die sich in der
Veränderung von Stimmungslagen zeigen kann.
Unter dem Begriff „Affekt" im Sinne von Grundstimmung wird der
Antrieb, die Spontaneität, der Appetit, das sexuelle Interesse, sowie
das soziale Leben mitbeachtet. Ebenso können gleichzeitig Störungen
des formalen und inhaltlichen Denkens und Wahrnehmens auftreten.

Ob diese Affekte gestört oder natürlich und ausgeglichen sind,
ist wahrscheinlich eine Frage der inneren Verfasstheit.
Bestimmt wird die innere Verfasstheit wohl durch das Ursache-Wirkung-
Wechselspiel von Innen -und Außenwelt.
Die Innenwelt eines Menschen wird mit dadurch bestimmt, worin sich
ein Mensch spiegelt. Spiegelt ein Mensch sich in äußerer Gereiztheit,
dann ist es nur folgerichtig, wenn dadurch auch innere Gereiztheit
entsteht. Bewegt ein Mensch sich in ruhiger, friedlicher Atmosphäre,
und diese spiegelt sich mit der Zeit im selbigen, dann folgt daraus ein
ausgeglicheneres Gemüt.
Was das formale und inhaltliche Denken betrifft, so gibt es durch denken
Argumente, die aus dem Gefühl entstehen, und es gibt Argumente, die
sich logisch begründen lassen. Da ich auch sehr gut weiß, daß das Leben
sich nicht immer logisch begründen lässt, muß man wohl auch das
Lebensgefühl von Menschen berücksichtigen.
In der zwischenmenschlichen Kommunikation besteht eigentlich immer
ein Verhältnis wie zwischen Sender und Empfänger. Der Betroffene ist
manchmal Sender und manchmal Empfänger. Jeglicher Mitmensch ist
manchmal Sender und manchmal Empfänger.
Gibt es eine Methode, durch die sich senden und empfangen zur
seelichen Ausgeglichenheit bewegen können? Es gibt eine alte Volks-
weisheit die da heißt:"Was Du willst,daß man Dir tu, das füg auch keinem
Andern zu."
Man ist also dazu aufgerufen, selbst Ausgeglichenheit anzubieten.
Weiterhin sollte man sich die Frage stellen, in welcher Umgebung man
sich befindet. Ist diese gereizt oder ist diese friedlich und ausgeglichen?
Es ist nun folgerichtig Orte der Gereiztheit zu meiden und die friedlichen,
ausgeglichenen Orte aufzusuchen, damit sich das Seelenleben besänftigen
kann.

Methoden zur Besänftigung des Seelenlebens sind Meditation, Gebet in Kirchen, sowie kontemplative Lektüre.

Dies alles sind Orte, an denen Frieden besteht.

Meditation, Gebet und Lektüre dienen der Selbstbesinnung, die im Laufe der zeit zu mehr Besonnenheit im Umgang miteinander führen kann.

Wieso nun habe ich die Philosophenschule der Stoiker diesem Kapitel zugeordnet? Affektiertheit kann wohl sehr leidenschaftlich sein. Übertriebene Affektiertheit ist das Gegenteil von Leidenschaftslosigkeit. Das Wort „Leidenschaft" beinhaltet das Wort „Leiden". Die stoische Schule soll somit eine Anregung sein, das Leiden loszulassen.

Im Folgenden möchte ich nun einige Inhalte der stoischen Philosophenschule erläutern. Hauptvertreter dieser Schule sind Epiktet,Seneca und Marc Aurel.

In einem Philosophencafe der VHS wurden Texte dieser Autoren auch zum Thema:"Glück und Gelassenheit" verwendet.

Ausgangspunkt für diese Philosophenschule ist der ordnende" Logos". „Logos" bedeutet „Wort" und ist der Grundbaustein von Sprache. Wir alle wissen, daß man mit Wörtern weh tun kann und wir wissen, daß Wörter tröstlich sein können.

Erste Frage:" Wie verwende ich selbst die Sprache?"

Ist meine eigene Sprache in einer Art und Weise geordnet, daß durch sie Kommunikation mit meinen Mitmenschen leicht ist?

Wenn Kommunikation gut gelingt, dann ist sie in aller Regel auch vernünftig. Die stoische Schule geht davon aus, daß in jedem Menschen vernünftige Keimkräfte vorhanden sind. Voraussetzung für gelingende Kommunikation ist, daß man einander zuhört und ausreden lässt und daß das was man selbst sagt in einer einigermaßen reflektierten, geordneten Form vorträgt.

Eine weitere These der Stoiker ist, daß aus der Vernünftigkeit des Logos, eine zweckmäßige und planvolle Ordnung der Dinge und Ereignisse folgt. Unter Affekten verstehen die Stoiker: Lust, Unlust, Begierde, Furcht und Schmerz. Diese Affekte sind zu vermeiden durch den richtigen Gebrauch der Vernunft. Ein Affekt entsteht, wenn der Trieb einen falschen Zweck setzt und das Scheitern beklagt. Die Triebe des Menschen geschehen teilweise automatisch, teilweise spontan und es gibt Triebe, die ein Erleiden darstellen,wobei allerdings nur ein übermäßiger Trieb als ein Affekt anzusehen ist.

Die stoische Lehre von den Trieben geht davon aus, daß diese in Körper,Sinnlichkeit und Vernunft zusammenwirken.

Das entstehen übersteigerter Triebe beruht auf einer Vorstellung, der ein falscher Wert beigelegt wird. Seiner Wirkung nach wird er zum „Pathos", zu einer Leidenschaft. Will man übersteigerte Triebe besänftigen, muß man zuerst seine eigene Leidenschaftlichkeit in Frage stellen, um an ruhigeren Lebensformen die eigene Gelassenheit wieder zu lernen. Steht man vor der Frage, ob ein falscher oder ein richtiger Wert angenommen wird, ist Besonnenheit auf das Wesentliche Notwendigkeit.

Das Wort „Besonnenheit" hat wiederum mit Besinnung(Selbstbesinnung) zu tun.

Methoden der Selbstbesinnung sind wiederum: Meditation, Gebet in Kirchen, sowie kontemplative Lektüre.

Von den Stoikern werden die Dinge (Werte) in gute,schlechte und gleichgültige eingeteilt. Als gut gelten die Tugenden ,als schlecht deren Gegenteil. Gleichgültig sind alle anderen Dinge, da sie nichts zum Glück beitragen.

Das Wort Tugend darf man nicht nur im moralischen Sinn verstehen, da es vom Wort her, von „tauglich" kommt. Ob eine Denk-oder Verhaltensform tauglich ist, um ein bestimmtes Ziel zu erreichen, kommt mit auf deren Zuordnung an. Die Tugend wird als entscheidend für das Glück angesehen,denn sie besteht wesentlich in der „Einsicht", über das Wesen der Dinge. Was die Handlungen von Menschen betrifft, gibt es schlechte, die aus falscher Einsicht bestehen und es gibt gute, die aus richtiger Einsicht bestehen. Aufgabe der Selbstbesinnung wäre somit, sich von falschen Einsichten zu lösen und durch Vernunft, den wahren Sachverhalt herauszustellen.

Aus stoischer Sicht ist Tugend als Erkenntnis lehrbar und unverlierbar. Unsere Haltung den Dingen gegenüber ist das, was wir wesentlich beeinflussen können. Nicht die Dinge selbst verwirren den Menschen, sondern unsere Meinungen über die Dinge.

Die Besonnenheit auf Vernunft und Tugend macht den Menschen unabhängig, frei, sachlich und wahr. So erreicht er die Harmonie, die zu einem „guten Fluß des Lebens" führt und zur Glückseeligkeit.

Lesetips:

- -Epiktet: Anleitung zum glücklichen Leben

- -Seneca: Handbuch des glücklichen Leben

- -Marc Aurel: Der Weg zu sich Selbst

- -Cicero: Vom höchsten Gut und vom größten Übel

- -Peter Prange: Werte

- -A.Urs Sommer: Die Kunst der Seelenruhe

8. Bipolare Störung? – oder „Der Weg der goldenen Mitte"

Bipolare Störungen werden oft auch als manisch-depressive Erkrankungen bezeichnet. Der Volksmund formuliert es auch als:" Zum Himmel hoch jauchzend, zu Tode betrübt."
Dies kommt mir vor, wie eine Schwingung, die eine harmonische Mitte wieder finden müßte. Wieder mein Rat:" Stellen Sie sich ein cartesisches Koordinatensystem vor, in dem ein Wechselspiel von sehr hohen Schwingunsamplituden zwischen „+" und „-" stattfindet."
Der Rat der Psychiatrieärzte, man müsse wieder in die Balance kommen, besteht wohl im Ansinnen, die Höhe der Amplituden zu relativieren, um zu einer gemäßigten harmonischen Schwingung zu gelangen.
In der Physik bedeuten hohe Amplituden, hohe Spannungspotentiale.
Es gilt also, die inneren menschlichen Spannungen zu reduzieren.
Nun gibt es Verhaltensformen, die baue viel bzw. wenig Spannung auf.
Ein wenig Aktivität ist gut, ein zu viel davon schädlich.
Dabei muß jeder Mensch ein Gefühl dafür entwickeln, wie viel Aktivitätsspannung er ertragen kann. Man muß seine eigenen Grenzen sehr gut kennen.
Menschliche Aktivität , nennen wir sie „vita activa" ist nur eine Form des Daseins. Ihr entgegen gesetzt ist die „vita contemplativa".
Kontemplatives Leben wiederum, ist eine Form der Selbstbesinnung.
Ein ausgewogenes Verhältnis von „vita activa" und „vita contemplativa" ist einer gesunden Lebensform förderlich.
In der Spiritualität der Regel des Hl.Benedikt gibt es ganz zu Anfang einen Satz, den ich zitieren möchte:"Sohn, höre auf die Weisung des Vater´s, neige das Ohr Deines Herzens und tue alles mit Maß."

Gibt es für Verhaltensformen ein gesundes Maß?
Ist bei einer zu hohen Spannungsamplitude das gesunde Maß über schritten? Kann man lernen, ein gesundes Maß einzuhalten?

Das Wort „Maß" leitet weiter zum Wort „Mäßigkeit".
Einen gemäßigten Charakter empfinden die meisten Menschen als angenehm und wohltuend.
Die Mäßigkeit als auch die Besonnenheit gehören zu den Tugenden.
Selbstbesinnung auf Mäßigkeit?
Aus meiner Sicht ist dieser Ansatz sehr vernünftig.

Kommen wir noch einmal zu den Amplituden der Schwingung im cartesischen Koordinatensystem zurück. Die Amplitudenspitzen im „+" Bereich wären demnach manische Phasen, die Amplitudenspitzen im „-" Bereich, depressive Phasen.

Wenn es gelänge, die Schwingung zu einer gemäßigten, harmonischen Schwingung zu überführen, dann wären sowohl manische, als auch depressive Phasen relativiert.

Kann man diese mentale Relativierungskunst selbst erlernen?

Zunächst wieder der Rat des Orakels von Delphi:"Erkenne Dich selbst", als Anregung, zu überprüfen,"wann bin ich wie drauf?"

Wesentlich zur Wiedergenesung ist eine gewisse Besonnenheit auf das Wort.

Erkenne ich in Wörtern gemäßigte Denk -und Verhaltensformen wieder an denen ich für mich selbst lernen kann?

Wenn ja, dann können wir uns an die Denkweise des Aristoteles machen. Aristoteles, ein griechischer Philosoph der Antike, war Schüler Platon´s.

Sein Anraten bestand darin, den Weg der goldenen Mitte zu gehen.

Warum komme ich auf diese philosophische Zuordnung?

Als ich über das Wort „ Bipolare Störung" nachdachte,kam mir der Gedanke, daß, wenn es eine solche Störung gibt, es auch eine Bipol geben müßte.

Weiterhin kam mir der Gedanke, daß man diesen „Bipol", auch „goldene Mitte" nennen könnte.

Um nun eine Störung zu relativieren, müßte man dafür Sorge tragen, die eigen „ goldene Mitte", gut auszuformen.

Worin lässt sich die Denkweise des Aristoteles erläutern?

Aristoteles war einer der ersten Philosophen, der sich mit dem Seelenleben beschäftigte. In seinem Buch „De Anima"(Von der Seele) beschrieb er 4 Seelenanteile. Zu nennen wären Anteile wie: Erde, Wasser, Feuer, Luft.

Diese 4 Elemente sind wohl als Bilder für seelische Gegebenheiten aufzufassen, wobei:

```
Erde    -----  schwer
Wasser  -----  fließend
Feuer   ------ erhitzt,impulsiv
Luft    -------Leichtigkeit     , einzustufen wären.
```

Wenn nun Aristoteles nach der goldenen Mitte sucht, dann ist wohl
anzunehmen, daß die Elemente Erde, Wasser, Feuer, Luft, in einem
ausgewogenen Verhältnis stehen sollten. Sein Ansinnen war immer,
die Extreme zu meiden.
Bei meiner Bekanntschaft zu einer Frau mit manisch-depressiver Diagnose, kam mir immer das Bild eines Vulkans in den Sinn. Einerseits
erdhaft, anderseits viel Feuer im Innern , und man mußte immer auf-
passen, ob der Vulkan sich ruhig verhält. Also , nicht ganz leicht damit
umzugehen. Ich weiß nicht, ob es wirklich Methoden gibt, den Magma-
druck im inneren zu verringern, damit man in der Nähe eines Vulkans,
sorgenfrei leben kann. Die Frage ist allerdings auch, ob diese Frau sich
wirklich bewußt ist, wie sie ist, weil nur dann, könnte man das vul-
kanische Erde-Feuer-Verhältnis, in ein ausgewogenes Erde-Wasser-Feuer
-Luft-Verhältnis überführen.
Und nun vom Erde-Wasser-Feuer-Luft-Verhältnis, zu allgemeinen
Hinweisen des Aristoteles zur Erlangung der goldenen Mitte.
Wie schon gesagt, geht es darum, die Extreme zu meiden.
Was ist im Einzelnen damit gemeint?
In seinem Buch:"Die Nikomachische Ethik", ist dies an vielen Beispielen
erläutert. Aristoteles geht davon aus, daß sich in der goldenen Mitte
die menschlichen Tugenden befinden.
Hier einige Beispiele:
Stellt man die Frage:"Was ist Tapferkeit?" So ist ein zu wenig davon,
Feigheit, und ein zu viel davon, Tollkühnheit.
Stellt man die Frage:"Was ist Sparsamkeit?" So ist ein zuviel davon,
Geiz,ein zu wenig davon, Verschwendungssucht.
Stellt man die Frage:" Was ist Freundschaft?" So ist ein zu wenig davon,
daß ich dem Anderen egal bin, ein zu viel davon, ein Wunsch nach
Symbiose.
Wie zeigt sich nun das Lebensgefühl der Mäßigkeit? Sehnt sich jemand
nach Euphorie, wird die Mäßigkeit überschritten, fühlt sich jemand
deprimiert,wird die Negativität überschritten. Findet man sich in der
Mäßigkeit wieder, dann wird die Euphorie halbiert und die Deprimiert-
heit halbiert, wodurch das Leben zwar etwas flacher wird, die Extreme
aber relativiert wären.
Wie zeigt sich nun die goldene Mitte in der Kommunikation?
Auch hier sind menschliche Charaktere unterschiedlich.

Charaktere, die ein Übermaß leben, zeigen sich rechthaberig, besser-
wisserig und neigen zu Aussagen, die etwas überheblich klingen.
Charaktere, die die goldene Mitte unterschreiten, neigen zu Schüchtern-
heit, demütigen Äußerungen, wissen nicht,ob sie wirklich etwas sagen
sollen, haben oft eine skeptische Haltung, ob das,was sie sagen könnten,
auch wirklich erwünscht ist.
Ein philosophisches Modell der freien Kommunikation besteht im
herrschaftsfreien Diskurs.
Das schöne an einem VHS-Philosophiekurs war eigentlich, daß jeder
der Gruppe, sagen konnte was er wollte, egal wie blöd oder intelligent
eine Aussage gewesen ist. Man mußte sich nur gefallen lassen, daß
vorgefertigte Meinungen auf philosophische Art hinterfragt wurden.
Das ist soweit gegangen, daß es dem Philosophieprofessor oft lieber
war, wenn man intelligente Fragen gestellt hat, anstatt so zu tun,
als ob man etwas wüßte.
Meine Entwicklung ist auf eine Art geprägt worden, daß ich heute
sagen kann:"Früher habe ich ernsthaft geglaubt, daß ich etwas weiß,
dann habe ich eine Zeit lang geglaubt, daß ich nichts weiß, heute glaube
ich etwas zu wissen, wenn mir jemand glaubt."

Lesetips:

Aristoteles:- De Anima (Über die Seele)

-Die Nikomachische Ethik

- Hauptwerke

9. Schizophrenie – oder ist Synthese möglich?
(Idealismus: Hegel, Fichte,Kant)

Im Vorhinein: „Was bedeutet das Wort Schizophrenie eigentlich?
Das Wort bedeutet im weiteren Sinne soviel wie Seelengespaltenheit.

Rein anatomisch kann man sagen, daß jeder Mensch 2 Gehirnhälften hat.
Je nachdem, wie die Spannungszustände zwischen den Gehirnhälften
sind,kann es sein, daß eine Gehirnhälfte mit der anderen in Kommunikation tritt (Stimmen hören). Wie bei jeder anderen Diagnose, gilt auch
hier, daß eine Spannungsreduktion sinnvoll ist.
Man könnte auch erst einmal überprüfen, ob körperliche Symmetrien
gut gewährleistet sind.
Wiederum ein elektrotechnisches Gleichnis kann den Sachverhalt veranschaulichen.
Vergleichen wir das Gehirn mit einer Batterie, die zwischen „+" und„-"
Pol eine gewisse Spannung hat (Volt). Ist die Spannung hoch, kann auch
beim Verbinden der beiden Pole viel Strom fließen. Fließt zu viel Strom,
dann kann, wie in jedem Haushalt, die Sicherung raus springen.

Raus gesprungene Sicherung ----- Klinikaufenthalt

Es gilt also, immer nur mit soviel Strom zu arbeiten, daß die Sicherung
immer drin bleibt.

Kann nun die Philosophie dazu beitragen, wenn ein Problem, welches im
Vorhinein anatomisch geschildert wurde, auf geisteswissenschaftliche Art
zu durchdenken?
Geisteswissenschaftlich gesehen, gibt es auch in unserer Sprache
Phänomene, die zum Polarisieren oder zum Synthetisieren tauglich sind.
Es gibt in der Sprache positive „Ich"-Botschaften und es gibt negative
„nicht"-Botschaften.
Ca.1995 las ich das Buch von Karl Jaspers „Psychologie der Weltan-
schauungen". Dort gab es in einem Kapitel die Überschrift:
„Der absolute Nihilismus in Psychosen".
Was ist nun mit dem Wort „Nihilismus" gemeint?
Das lat. Wort „nihil", bedeutet auf deutsch „Nichts".

Also: negative „Nicht"-Botschaft, nichts, nie.

Es ist wahr, daß es Menschen gibt, die diese Vokabeln mit Vorliebe einsetzen, um ihr Missfallen auszudrücken. Ob eine solche Kommunikation einem selbst gut tut, dies halte ich für fragwürdig.

Ein Priester, der mir damals den Tip gab:"M. Lies Literatur und Philosophen, gab mir auch den Tip, Nietzsche zu lesen. Damals hatte ich nur nicht den Mut dazu, weil Nietzsche philosophiegeschichtlich als Vertreter des Nihilismus galt.

Als Vertreter des Idealismus und der positiven Ich-Botschaft gelten Hegel und Fichte.

An Hegel's Idealismus ist da dialektische Dreieck sehr interessant.

Synthese

These 1   These 2

Man geht davon aus, daß These 1 und 2, sich 2 entgegengesetzte Thesen sind und daß man durch gedankliche Arbeit aus beiden Thesen etwas neues hervorbringt (Synthese).

Wenn man nun These 1 ,als Botschaft einer Gehirnhälfte ansieht und These 2 als Botschaft der anderen Gehirnhälfte (Stimmen hören), dann müßte es auch möglich sein,beide Botschaften, in einer Synthese zusammen zu führen.

Voraussetzung dafür ist, die Botschaften beider Gehirnhälften nicht mit einem Entweder-Oder -Denkmuster zu bewerten, sondern mit einem Sowohl als auch-Denkmuster. Weiterhin müßte man die Frage stellen, ob These 1 und These 2, in einer versöhnlichen Art und Weise miteinander umgehen können? Kann man diese Frage bejahen, gilt es, die versöhnlichen Anteile in einer konstruktiven Art aufzubauen, um im Denken und Verhalten mehr Versöhnlichkeitsanteile zu gewährleisten. Sind These 1 und These 2 sehr widersprüchlich, müßte man zuerst die Relevanz beider Thesen hinterfragen und sie auf den Wahrheitsgehalt bzgl. des Lebensgelingens zu überprüfen. Es gilt also, jegliche Widersprüchlichkeit zu entlarven und in konstruktive Denkmuster zu überführen.

Um dies selbst zu gewährleisten, ist wahrscheinlich eine einigermaßen hohe Intelligenz notwendig. Ist eine relativ hohe Intelligenz vorhanden,besteht natürlich die Frage:" Woran orientiert sich diese Intelligenz?" Zu behaupten,man wüßte sowieso schon vieles besser, wäre wahrscheinlich verfrüht. Man weiß meistens erst dann wieder etwas besser, wenn jegliche Symptome sich aufgelöst haben und das eigene Leben wieder in guten Bahnen läuft. Der Frage woran ein intelligenter Mensch sich orientieren sollte, besteht als philosophisch orientierter Mensch in der Antwort:" An der Wahrheit."

Worin besteht nun diese? Man kann eine Wahrheit fühlen und man kann eine Wahrheit durch logische Schlußfolgerungen hervorbringen.

Wer dies möchte,möge sich mit philosophischer Logik beschäftigen.

Logik besteht in der richtigen Zuordnung von Denken und Verhalten, die ein besseres Lebensgelingen ermöglichen.

Mich selbst habe ich auf meinem Weg,an philosophischer Logik geschult und diese in Bezug zum psychoanalytischen Modell von Erich Fromm gesetzt (im Buch: Die Seele des Menschen), welches mir ermöglichte, progressive Seelenanteile von regressiven zu unterscheiden und dies auf mein eigenes Leben angewendet.

Auch der Philosoph Bien sagte einmal:"Selbstbestimmt leben kann man nur, wenn man sinnvolles von sinnlosem unterscheiden kann."

Also, diese Differenzierungsgabe ist mitentscheidend dafür, ob ein Genesungsweg gelingt.

Nun befindet sich jeder Psychiatrieerfarene an einem bestimmten status quo und muß sich die Fragen stellen:"Wie bin ich zur Zeit?; Was geht noch? Wie muß ich mein Leben ordnen, damit es wieder gut gelingt?; und für jeden einzelnen ist es ja ein anderer Punkt an dem man ihn abholen müßte. Das Gespür dafür, wo man ansetzt,muß jeder selbst aufbringen.

Nur die Methoden der Herangehensweise an eine konstruktive Bewältigung der Situation, werden immer die selben bleiben.

1.Ehrlich zu sich selbst sein.
2.aus dem status quo logische Schlußfolgerungen ziehen, die in Richtung Lebensgelingen zielen.
3.In einer Therapie auf die Denkweise des Therapeuten achten und an dieser für die eigene Denkweise lernen.
4.Sich der breite der Denkmöglichkeiten öffnen.

Wenn man den status quo eines Menschen als seine Wirklichkeit auf-
fasst, dann erinnere ich mich gerne an den Satz Robert Musil's:
„Wenn es Wirklichkeitssinn gibt, dann muß es auch Möglichkeitssinn
geben."
Dies will für psychiatrieerfahren heißen:"Wenn man im Leben ein
Scheitern erlebt hat, ist die Chance einer Wiedergenesung immer
möglich." Rein biblisch gesprochen, müßte man vielleicht manchmal
an ein Wunder glauben.

Was zu Hegel ,Fichte und Kant noch zu sagen wäre ist folgendes:
Das Zeitalter Kant´s war das Zeitalter der Aufklärung.
Der Satz:"Habe den Mut Deinen eigenen Verstand zu benutzen" wurde
zum Allgemeingut.
Es ist natürlich verständlich, daß wenn psychiatrieerfahren, die sich nach
Wiedergenesung sehnen, mit Sinn und Verstand an die Mentalarbeit
gehen, die Heilungschancen größer sind.

Ein weitere wesentlicher Satz Kant´s ist sein kategorischer Imperativ:
„Handle so, das die Maxime Deines handelns, als allgemeines Gesetz
gelten können." Eine gute Faustregel für das eigene Verhalten.

Weitere 4 Fragen mit denen sich Kant sehr beschäftigt hat, sollte man
sich auch zu Gemüte führen:
   1. Was kann ich wissen?
   2. Was sollen wir tun?
   3. Was darf ich hoffen?
   4. Was ist der Mensch?
Allgemeine Antworten auf diese Fragen, möchte ich ganz bewußt,
nicht geben, da die Perspektiven, aus denen Menschen versuchen, eine
Antwort zu geben, höchst unterschiedlich sein können.
Was für meine eigene Entwicklung jedoch hilfreich gewesen ist, ist,
daß sich mit der Zeit die Fähigkeit entwickelt hat, menschliche
Denk – und Verhaltensweisen aus verschiedenen Perspektiven zu
beobachten und zu bewerten, wodurch die Toleranz meinen Mitmenschen
gegenüber, verbessert wurde.
Ein weitere Begriff in Kant´s Philosophie ist der, der tanszendentalen
Dialektik. Der Begiff Dialektik wurde bereits im Diagramm erläutert.

Der Begriff Transzendenz bedeutet im eigentlichen Sinne
ein „Hinübersteigen".   Hinübersteigen wohin?
Für psychiatrieerfahrene wäre dies ein hinübersteigen von krank zu
gesund. Die Aufgabe bestünde aber darin, daß sich dieses Hinübersteigen
in den Denk -und Sprachprozessen äußert.
Wiederum 2 Fragen:
1.Gibt es eine kranke Sprache?
2.Gibt es eine gesunde Sprache?
Wenn man die beiden Fragen bejaht, dann stellt sich Frage 3, ob man
eine gesunde Sprache lernen kann?
Zum wiederholten male, ein Hinweis auf das Sprachbewußtsein.

Als ich vor ca. 10 Jahren noch in der Selbsthilfe aktiv gewesen bin,
besuchte ich ein Weiterbildungsseminar, das von einer Soziologin
geleitet wurde. Diese stellte eine These in den Raum, daß ca. 80% der
Menschen mit dem Bauch denken und nur 20% mit dem Verstand.
Es ist nur leider Gottes so, daß eine gute Selbststeuerung nur dann
funktioniert, wenn man auch mit dem Verstand zu Werke geht.

Als Fazit zu diesen Ausführungen noch folgendes:
Der status quo eines Menschen ist eins, die Möglichkeit eine Chance
zur Wiedergenesung zu ergreifen ein zweites, sich selbst an die Mentalarbeit zu machen ein drittes.
Die Chance besteht nur, wenn man sich an die Arbeit macht.
Die Chance, daß ein Mentalerleben sich einigermaßen ausgeglichen
in der Balance wiederfindet ist gering, aber möglich.

Die Lektüre der Philosophen Hegel, Fichte und Kant ist für philosophische Anfänger nicht ganz leicht. Es ist deshalb vielleicht ratsam,
sich fürden Anfang mit grundständiger philosophischer Lektüre zu
begnügen, damit das philosophische Denken reifen kann.

            -
Lesetips: - W.Weischedel: Die philosophische Hintertreppe
           - Philosophie jetzt: Hegel (G.Schulte)
           - Philosophie jetzt: Fichte (G.Schulte)
                 – I.Kant:- Die 3 Kritiken
                 – Kant Brevier

11. Literatur : Philosophie der Lebenskunst (allgemein)

- Klassiker der philosophischen Lebenskunst Hrsg. Josef M. Werle
- Wilhelm Schmid: Philosophie der Lebenskunst
-         Die Kunst der Balance. 100 Facetten der Lebenskunst
- Otfried Höffe: Lebenskunst und Moral
- Ferdinand Fellmann: Philosophie der Lebenskunst
- André Comte-Sponville: Ermutigung zum unzeitgemäßen Leben
- Anselm Grün: Das Buch der Lebenskunst
- Notker Wolf: Die sieben Säulen des Glücks

BEI GRIN MACHT SICH IHR WISSEN BEZAHLT

- Wir veröffentlichen Ihre Hausarbeit,
  Bachelor- und Masterarbeit

- Ihr eigenes eBook und Buch -
  weltweit in allen wichtigen Shops

- Verdienen Sie an jedem Verkauf

Jetzt bei www.GRIN.com hochladen
und kostenlos publizieren